Inhalt

Ethnomarketing - Streitfrage: Ist volksgruppenspezifisches Marketing schon passé oder noch en vogue?

Kernthesen

Beitrag

Fallbeispiele

Weiterführende Literatur

Impressum

Ethnomarketing - Streitfrage: Ist volksgruppenspezifische Marketing schon passé oder noch en vogue?

Harald Reil

Kernthesen

- Deutsche Unternehmen haben Ethnomarketing bisher vernachlässigt - ein Fehler, wie manche Fachleute behaupten.
- Kritiker halten die alte Form des Ethnomarketings dagegen für ein Relikt aus vergangenen Zeiten. Sie machen sich für "Intercultural Business Localization" stark.
- Das ist in Zeiten des Internets der Versuch, Produkte mit einer zielgruppengerechten

Ansprache auch für außerdeutsche Märkte attraktiv zu machen.
- Datenschützer stufen Ethnomarketing, das volksgruppen- und religionsspezifische Informationen verwertet, als rechtswidrig ein.
- Daimler setzt beim Verkauf ihrer High-Tech-Gefährte zunehmend auf Mitarbeiter, die auch türkisch sprechen.

Beitrag

An Ethnomarketing scheiden sich die Geister

Von den rund 80,2 Millionen Einwohnern in Deutschland sind 6,2 Millionen Ausländer. Die meisten davon - zirka 1,6 Millionen - kommen aus der Türkei. Aus Polen stammen 520 000 Menschen, aus Italien 470 000. Sie belegen in der Statistik, die den Anteil ausländischer Mitbürger an der Gesamtbevölkerung Deutschlands ausweist, die Plätze zwei und drei. Die übrigen rund 3,6 Millionen Menschen mit Migrationshintergrund verteilen sich, salopp gesagt, auf den Rest der Welt. Vor allem die Zahl der Türken bewegt sich also in einer

Größenordnung, die für Marketingexperten durchaus interessant sein könnte. Dennoch scheinen sich bisher nur wenige Branchen strategisches Ethnomarketing für diese Volksgruppe auf die Fahnen geschrieben zu haben - ein Fehler, wie zumindest einige Fachleute behaupten. Denn mit der richtigen Ansprache, die die Lebensgewohnheiten, kulturellen Eigenheiten oder auch nur die Sprache der türkischen Mitbürger berücksichtigt, könnten sich Unternehmen einen lukrativen Markt erschließen. Andere dagegen argumentieren, dass Ethnomarketing - auch wenn es einmal relevant gewesen sein sollte - mittlerweile überholt ist. Deutsche und in Deutschland lebende Türken unterschieden sich schon lange nicht mehr in ihrem Konsumverhalten. Ein an die unterschiedlichen Ethnien abgestimmtes Marketing sei daher überflüssig. Ausschlaggebend sei allein die Kaufkraft. Oder pointierter formuliert: Einkommensstarke Türken kaufen wie wohlhabende Deutsche, weniger flüssige Türken wie ihre genauso klammen deutschen Pendants. (1), (2), (3)

Migros ködert deutsche Wahlschweizer mit deutschen Produkten

Befürworter von Ethnomarketing weisen auf Vorbilder hin, die zeigen, dass diese auf besondere Volksgruppen ausgerichtete Form des Marketings tatsächlich funktioniert. Ein Blick über die Grenze in die nahe Schweiz genügt. Dort stellen die Deutschen hinter den Italienern die zweitgrößte ausländische Bevölkerungsgruppe. Der Schweizer Lebensmittelhandel hat sich auf diese kaufkräftige Klientel längst eingeschossen. Migros, der größte einheimische Einzelhändler, führt Produkte, auf die die deutschen Wahlschweizer auch in der neuen Heimat nur ungern verzichten wollen. Dazu zählen Pfanni-Knödel, Löwen-Senf, Leibniz-Kekse, Knorr-Suppen und Erasco-Eintöpfe. Um herauszufinden, was die Deutschen wirklich wollen, hat Migros die Kunden direkt angesprochen. Indessen reichen sogar diese Vorschläge ein, welche Lebensmittel sie aus ihrer alten Heimat vermissen. Der Erfolg, den Migros mit dieser Art des Ethnomarketings hat, ist so groß, dass sich die Handelskette neben anderen Gruppen auch die österreichischen Wahlschweizer als Zielgruppe auserkoren hat. Diese finden in den Filialen des Einzelhändlers Kaiserschmarrn und Semmelknödel. Der deutsche Handel kann davon noch viel lernen. Oder etwa nicht? (4), (5)

"Intercultural Business

Localization": Ethnomarketing für außerdeutsche Märkte

Glaubt man Kritikern des Ethnomarketings, wären Unternehmen viel besser damit beraten, ihren Horizont zu erweitern. Statt Ethnomarketing im alten Stil zu betreiben und zu versuchen, bestimmte Volksgruppen innerhalb des eigenen Landes zu erreichen, sollten sie lieber probieren, ihre Produkte grenzübergreifend zu vertreiben. Das Stichwort in diesem Zusammenhang heißt "Intercultural Business Localization" - oder der Versuch, sich außerdeutsche Märkte zu erschließen, auf denen sich Waren oder Dienstleistungen Erfolg versprechend vermarkten lassen. Ein vehementer Verfechter dieser Meinung ist der türkische Marketingexperte Bülent Tulay, der in Deutschland als einer der Vorreiter des Ethnomarketings gilt. Seiner Meinung nach ist das herkömmliche Volksgruppenmarketing schon lange passé. Die Türken seien so gut in Deutschland integriert, dass sie sich mit denselben Strategien wie die Deutschen ansprechen lassen.Tulay zufolge muss sich Ethnomarketing vielmehr den neuen Gegebenheiten des globalisierten Marktes anpassen. Da das Internet eine zunehmend wichtige Rolle für den Handel spielt, gilt es, diesen Kanal geschickt zu nutzen und Ethnomarketingstrategien zu entwickeln, die potenzielle Konsumenten in anderen Ländern zielgruppengerecht von den eigenen Produkten und Serviceangeboten überzeugen. (3)

Datenhüter kritisieren bestimmte Form von Ethnomarketing

Kritik an einer bestimmten Form von Ethnomarketing kommt auch aus dem Lager der Datenschützer. Der Hintergrund: Acxiom, eines der größten Unternehmen weltweit, das sich auf die Auswertung von Informationen spezialisiert hat, erstellt Benutzerprofile von Bürgern und teilt diese bestimmten Kategorien zu. Diese heißen zum Beispiel "außereuropäisch-islamisch", "Spätaussiedler" oder "Balkan". Die Informationen verkauft Acxiom an Unternehmen rund um den Globus und wirbt in einer explizit zum Thema Ethnomarketing entworfenen Broschüre dafür. Datenschützern, allen voran dem Bundesbeauftragten für Datenschutz, Peter Schaar, geht diese Form des Marketings entschieden zu weit. Das Argument: Wenn Daten, die sich auf die Zugehörigkeit zu einer Volksgruppe oder auf religiöse Überzeugungen beziehen, für Marketingzwecke ausgeschlachtet werden, verstößt das gegen geltendes Recht. (6), (7)

Trends

Ethnomarketing 2.0

Einen Trend in Sachen Ethnomarketing auszumachen, ist schwer. Es gibt Beispiele aus Ländern, die zeigen, dass zumindest einige Branchen mit einer Ethnomarketingstrategie bestens fahren. Ob das aber auch für dieselben Branchen in Deutschland gilt, bleibt dahingestellt, da Modelle, die sich in einem Land und für eine bestimmte Ethnie bewährt haben, nicht unbedingt auf ein anderes Land und eine andere Volksgruppe übertragbar sind. Vor dem Hintergrund der zunehmenden Wichtigkeit des Internets als Verkaufskanal ist die immer größer werdende Bedeutung von "Intercultural Business Localization" als Ethnomarketing-Modell 2.0 aber wahrscheinlich. (3), (5)

Fallbeispiele

Daimler verkauft auch auf Türkisch

Der Automobilriese Daimler hat die Bedeutung türkischer Mitbürger als lukrative Einnahmequelle erkannt und lässt seine High-Tech-Fahrzeuge mittlerweile vermehrt von Mitarbeitern verkaufen, die auch der türkischen Sprache mächtig sind. (1)

Pharmaindustrie hat Entwicklung verschlafen

Die Pharmaindustrie hat die türkische Klientel dagegen noch nicht speziell im Visier. Dabei könnte auch diese Branche mit Ethnomarketing punkten, behaupten zumindest einige Fachleute. Ein Beispiel: Türken leiden häufiger an Laktoseintoleranz als Deutsche. Mit einer für diese Zielgruppe maßgeschneiderten Ansprache ließe sich der Absatz von Medikamenten gegen die Unverträglichkeit von Milchprodukten vermutlich erhöhen. (1)

T-Mobile kann auch türkisch

T-Mobile lässt zurzeit bei ORF einen Werbespot in türkischer Sprache laufen. Der Beitrag, der 15 Sekunden dauert, wirbt für den Handytarif "Turka Basta", mit dem Abonnenten für 15 Euro monatlich unter anderem ein Gesprächsguthaben von 1 000 Minuten für Telefonate in Österreich und ins türkische Festnetz erwerben. Die negativen Reaktionen der einheimischen Landesbevölkerung auf diesen Spot halten sich in Grenzen - zumindest bisher. Das war nicht unbedingt zu erwarten. Als vor drei Jahren die Niederösterreichische Molkerei (NÖM) Milch neben der deutschen Bezeichnung auch noch mit dem türkischen Äquivalent "Süt" als Packungsaufschrift verkaufte, schallte ein kollektiver Aufschrei der Empörung durch die Alpenrepublik. Mittlerweile gibt es diese Milch nur noch in türkischen Läden. Aus der Sicht von Marketingexperten hat sich der Aufwand trotz der Kritik vieler Österreicher dennoch gelohnt. Denn bei den Türken hat das Unternehmen ganz sicher gepunktet. (8)

Weiterführende Literatur

(1) Biete: Kunde, kaufkräftig, Deutschtürke
aus Stuttgarter Nachrichten, 10.05.2013, S. 9

(2) Türkische Kunden noch wenig beachtet
aus NWZ - Neue Württembergische Zeitung vom 14.06.2013, S. 10

(3) "Der alte Ethno-Kram ist tot"
aus SZ Regionalausgabe, 18.10.2012, Ausgabe München City

(4) Die richtige Sprache sprechen

aus Horizont 10 vom 07.03.2013 Seite 033

(5) Der Handel braucht einen Migrationshelfer
aus WirtschaftsWoche online vom 2013-03-17

(6) Kämpft für den Datenschutz
aus Handelsblatt Nr. 124 vom 02.07.2013 Seite 048

(7) Datensammler bieten Personenprofile zu Religion und Ethnie: Datenschützer wollen Rechtmäßigkeit prüfen
aus news aktuell, 2013-06-20

(8) T-Mobile türkce konusuyor*
aus Wiener Zeitung 125 vom 2013-06-28, Seite 13

Impressum

Ethnomarketing - Streitfrage: Ist volksgruppenspezifisches Marketing schon passé oder noch en vogue?

Bibliografische Information der deutschen Nationalbibliothek

Die Deutsche Nationalbibliothek verzeichnet diese Publikation in der deutschen Nationalbibliografie; detaillierte bibliografische Daten sind im Internet über http://dnb.d-nb.de abrufbar.

ISBN: 978-3-7379-1301-0

© 2015 GBI-Genios Deutsche Wirtschaftsdatenbank GmbH, Freischützstraße 96, 81927 München, www.genios.de

Alle Rechte vorbehalten. Dieses Werk ist einschließlich aller seiner Teile – z.B. Texte, Tabellen und Grafiken - urheberrechtlich geschützt. Jede Verwertung außerhalb der Grenzen des Urheberrechtsgesetzes bedarf der vorherigen Zustimmung des Verlags. Dies gilt insbesondere auch für auszugsweise Nachdrucke, fotomechanische Vervielfältigungen (Fotokopie/Mikroskopie), Übersetzungen, Auswertungen durch Datenbanken oder ähnliche Einrichtungen und die Einspeicherung und Verarbeitung in elektronischen Systemen.